Las estaciones

La primavera

Siân Smith

Heinemann Library
Chicago, Illinois

Editorial: Rebecca Rissman, Charlotte Guillain, and Siân Smith
Picture research: Elizabeth Alexander and Sally Claxton
Designed by Joanna Hinton-Malivoire
Translation into Spanish by DoubleOPublishing Services
Printed and bound by Leo Paper Group

13 12 11 10
10 9 8 7 6 5 4 3 2

ISBN-13: 1-4329-3526-9 (hc)
ISBN-13: 1-4329-3531-3 (pb)

Library of Congress Cataloging-in-Publication Data

Smith, Siân.
  [Spring. Spanish]
  La primavera / Siân Smith.
      p. cm. -- (Las estaciones)
  Includes index.
  ISBN 978-1-4329-3526-9 (hardcover) -- ISBN 978-1-4329-3531-3 (pbk.)
  1. Spring--Juvenile literature. I. Title.
  QB637.5.S6518 2009
  508.2--dc22
                              2009010990

Acknowledgments
The author and publisher are grateful to the following for permission to reproduce copyright material:
©Alamy pp.**8** (Adam Burton), **11** (Alistair Heap), **7** (Andrew Cowin), **21** (Arco Images GmbH), **17** (Nature Online); ©Corbis pp.**16, 10** (amanaimages/Steve Cole), **20** (Brakefield Photo/Brand X), **04 br** (Image100), **14, 23 top** (John Aikins), **18** (Julie Habel), **9** (Mark Karrass), **5** (Momatiuk-Eastcott), **13, 23 middle top** (Papilio/Steve Austin), **19** (Sygma/ Andre Fatras), **04 tl** (Zefa/Roman Flury); ©Getty Images pp.**12, 23 bottom** (Bob Thomas), **04 tr** (Floria Werner); ©iStockphoto.com pp.**6, 23 middle bottom** (Bojan Tezak), **04 bl** (Inga Ivanova); ©Photodisc p.**15** (Lifefile/Andrew Ward); ©Shutterstock p.**22** (Katerina Havelkova).
Cover photograph of purple and yellow crocus reproduced with permission of ©Gap Photos Ltd (J S Sira). Back cover photograph reproduced with permission of ©Corbis (Mark Karrass).

Contenido

¿Qué es la primavera?

primavera

verano

otoño

invierno

Hay cuatro estaciones cada año.

La primavera es una de
las cuatro estaciones.

¿Cuándo es la primavera?

primavera

verano

invierno

otoño

Las cuatro estaciones siguen un patrón.

La primavera sigue al invierno.

El clima en la primavera

Puede estar templado en la primavera.

Puede llover en la primavera.

¿Qué vemos en la primavera?

Las personas llevan impermeables en la primavera.

Las personas llevan botas
en la primavera.

semilla

Vemos a personas en los jardines
en la primavera.

capullos

Vemos capullos en la primavera.

Vemos árboles florecidos
en la primavera.

Vemos flores en la primavera.

Vemos que nuevas plantas crecen
en la primavera.

Vemos que nuevas hojas empiezan a crecer en la primavera.

Vemos huevos en los nidos
en la primavera.

Vemos polluelos en los nidos
en la primavera.

Vemos crías en la primavera.

Vemos que los erizos despiertan
en la primavera.

¿Cuál es la siguiente estación?

¿Qué estación viene después
de la primavera?

Glosario ilustrado

árboles florecidos árboles con flores nuevas

capullo parte de una planta. Las hojas o las flores brotan de los capullos.

patrón que ocurre en el mismo orden

semilla las plantas producen semillas. Nuevas plantas crecen de las semillas.

Índice

Nota a padres y maestros
Antes de leer
Comente las cuatro estaciones con los niños: primavera, verano, otoño, invierno. Pregunte a los niños por sus cumpleaños y que digan en qué estación caen. Explique que la primavera es la estación cuando las cosas comienzan a crecer después del largo periodo del invierno.

Después de leer
Hagan una cabeza de semillas. Junten recipientes de plástico pequeños de yogur y enjuáguenlos bien. Llenen cada recipiente con abono de plantas. Esparzan semillas de grama en la tierra y luego humedézcanlas con agua fría. Usen papel de distintos colores para los ojos, la nariz y la boca, y péguenlos a los recipientes. Pongan los recipientes al sol, en la ventana. Agreguen agua cuando se seque la tierra. Verán cómo crece el "pelo" de la cabeza de semilla.